VIVA FELIZ!

VIVA FELIZ!

7ª impressão

editora Original

Criação
G. C. Comunicações

Capa, Projeto Gráfico, Revisão e Editoração Eletrônica
Anticqua Editorial

Foto da Capa
Getty Images

Dados Internacionais de Catalogação na Publicação (CIP) (Câmara Brasileira do Livro, SP, Brasil)

Viva Feliz! -- São Paulo: Editora Original, 2002.

1. Conduta de vida 2. Felicidade 3. Relações interpessoais

02-0675 CDD-158

Índices para catálogo sistemático:
1. Felicidade : Psicologia aplicada 158
2. Vida Feliz : Psicologia aplicada 158

2006

Rua Lisboa, 502 – 05413-000 – São Paulo/SP
Tel.: (11) 3088-8444 – Fax: (11) 3063-4998
edoriginal@pandabooks.com.br
www.pandabooks.com.br

"Um bebê é a opinião de Deus de que a vida deve continuar."

Carl Sandburg

Por que vocês, adultos, insistem tanto em complicar a vida? Viver é tão simples!

Pelo menos, deveria ser. É só seguir algumas instruções.

Acorde todas as manhãs com um sorriso.

Trace objetivos para a sua vida. Melhor ainda: para cada dia.

Diga aos outros mais do que eles esperam. Faça isso com alegria.

Não acredite em tudo que escutar.

Não gaste tudo o que tiver.

Nem durma tanto quanto gostaria.

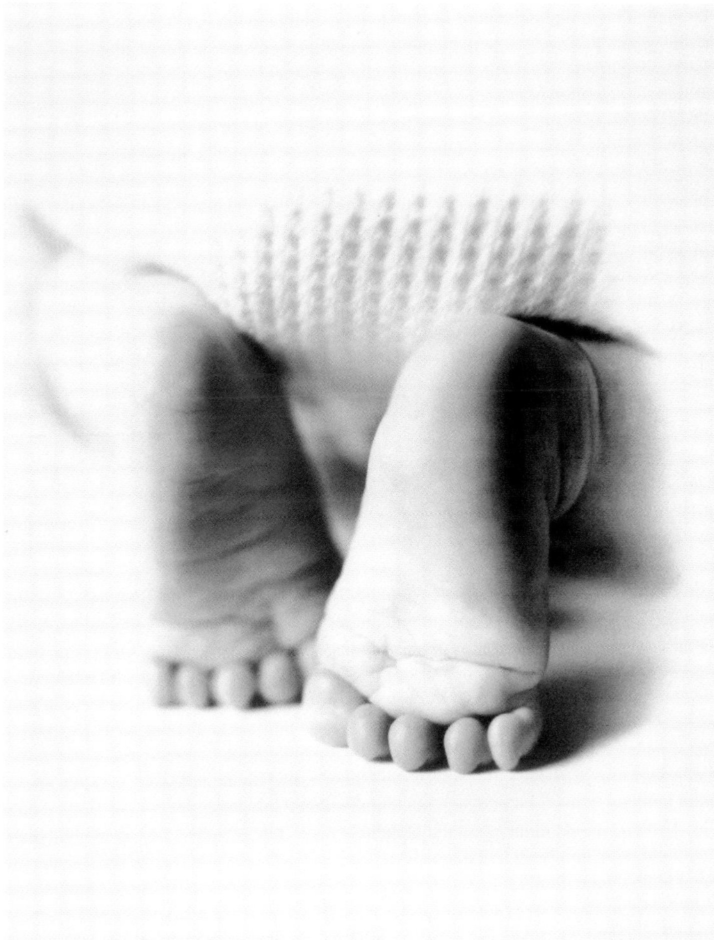

Não tente correr se você ainda não aprendeu a andar.

Não deixe que uma briguinha boba estrague uma grande amizade.

Quando disser "eu te amo" a alguém, sinta realmente o que está dizendo.

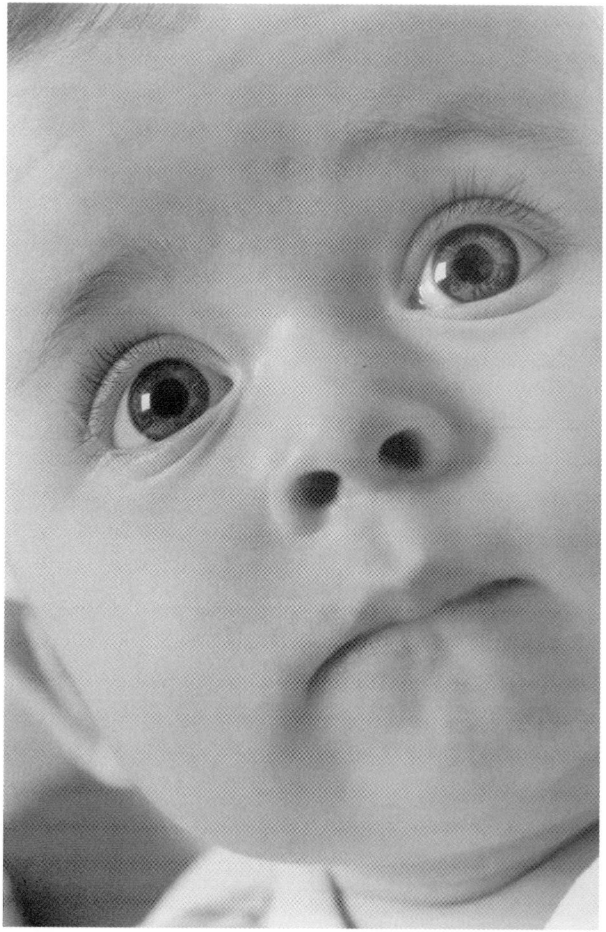

Ao pedir desculpas a uma pessoa, olhe nos olhos dela.

Cada um que luta por um sonho vale por cem.

Case-se com a pessoa com quem você adora conversar.

Nas desavenças com pessoas que você ama,

trate do que está em discussão, sem trazer à tona o passado.

Quando perceber que cometeu um erro, aja imediatamente para corrigi-lo.

Faça tudo o que você puder para ter um lar tranqüilo e harmonioso.

Um ambiente de amor e paz em casa é fundamental!

Sorria quando atender ao telefone.

Sorrindo, você transmite felicidade em sua voz.

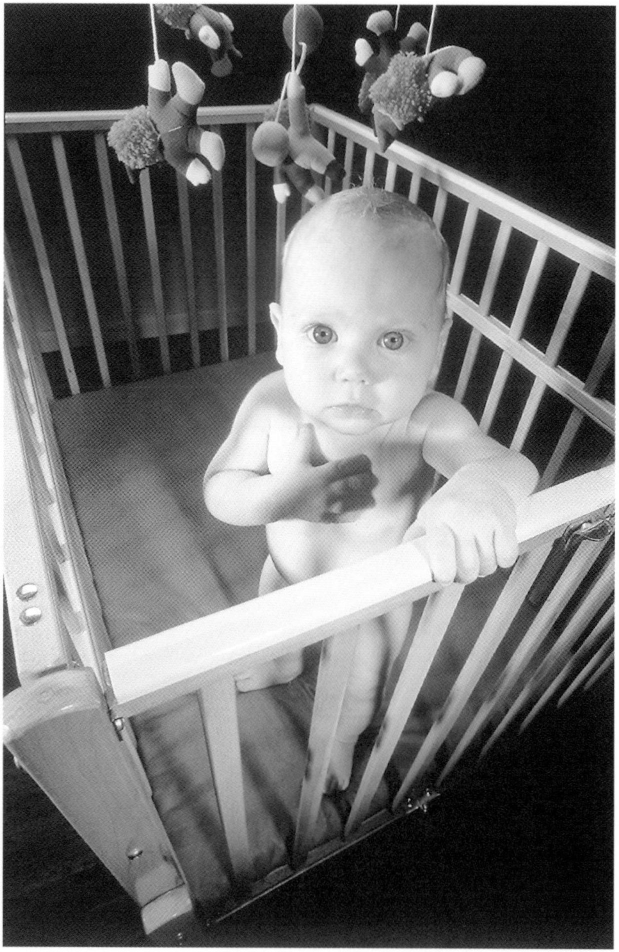

Ficar sozinho, às vezes, é muito bom. Mas não por muito tempo. Mãeeeeeeeeee!

Leia mais livros.

Sempre que possível, vá a algum lugar onde você nunca esteve antes.

Às vezes, não conseguir o que se quer pode ser um golpe de sorte.

Aprenda a respeitar a fé e a religião de todas as pessoas, mesmo que sejam diferentes das suas.

Divida com alguém os seus conhecimentos.

Tenha calma ao explicar para os outros onde foi que eles erraram.

Não julgue as pessoas pela aparência.

Faça algo que há muito tempo você não faz por alguém.

Não se irrite. Tente se afastar de fatos, lembranças e idéias negativas.

Esteja sempre pronto a colaborar e aja prontamente.

Preste atenção nos detalhes.

Não tenha medo do desconhecido.

Faça coisas comuns de maneira incomum.

Lembre-se de que o silêncio às vezes é a melhor resposta.

Sorte é o encontro do preparo com a oportunidade. Esteja sempre preparado.

Procure fazer mais do que você prometeu.

Insista. Desistir é sempre mais fácil, mas pode não ser a melhor solução.

Imagine-se um vencedor. O medo de perder tira a vontade de ganhar.

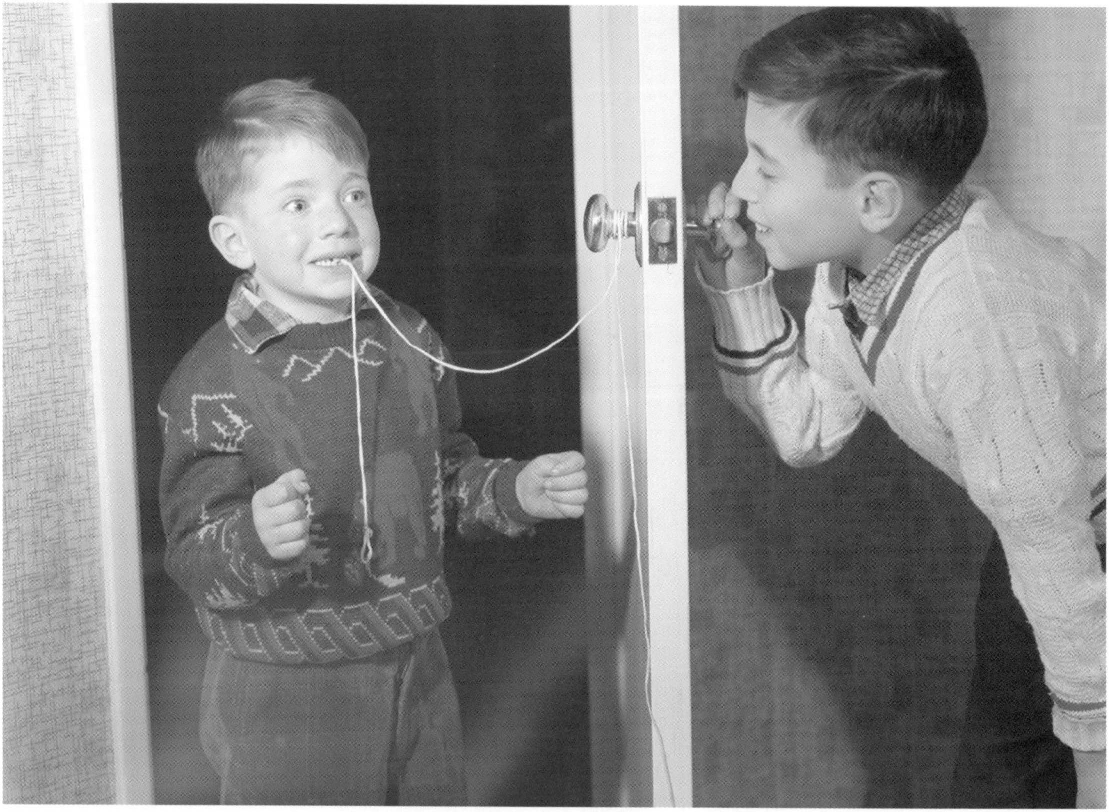

Use a imaginação. Mas saiba que idéias não são suficientes.

A ação também é importante.

Quem quer agradar sempre acaba não agradando nunca.

Faça o que deve ser feito. O que os outros pensam sobre você não é problema seu, é problema dos outros.

Quem faz pode errar. Quem não fez já errou.

Seja honesto. Seus filhos terão você como exemplo.

Faça com os outros o que você gostaria que fizessem com você.

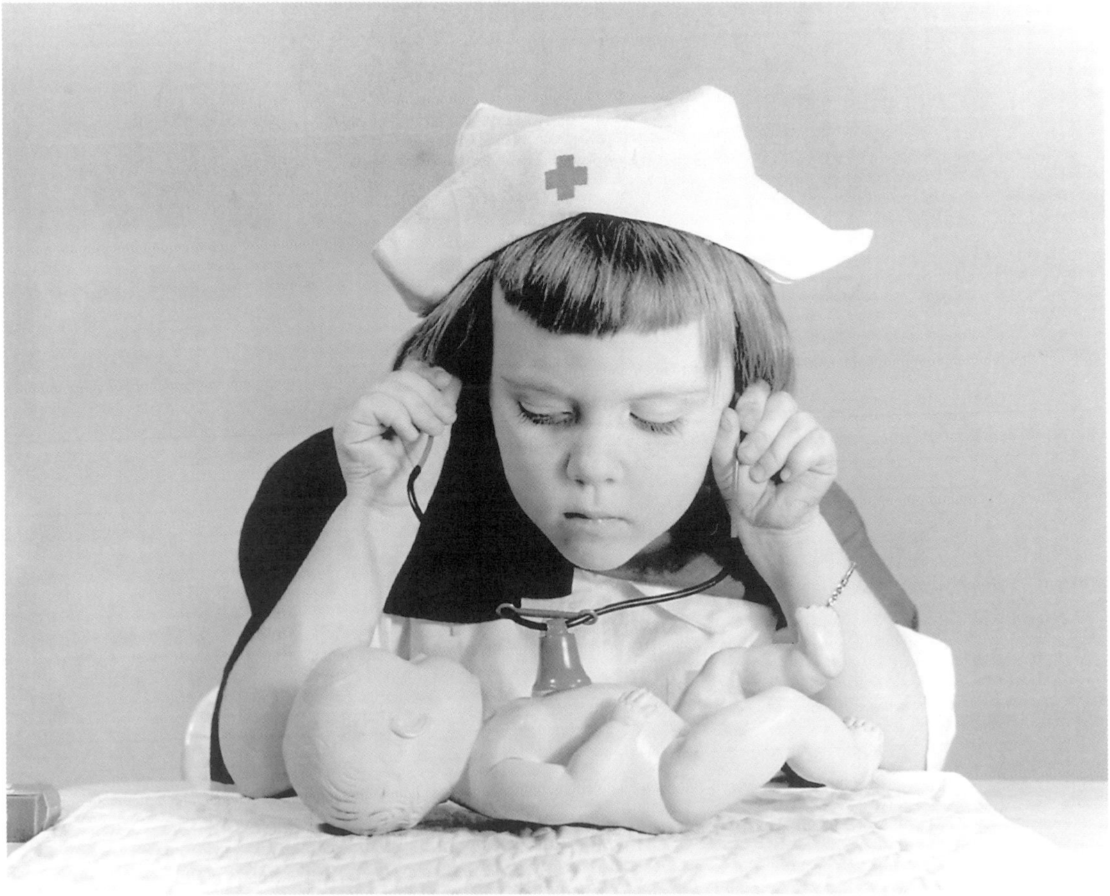

Cuide de sua saúde. Aprenda a cuidar de você para saber cuidar dos outros.

A comida é o combustível do seu corpo. Tenha uma alimentação saudável!

A forma como você se comunica é importante. Se você não for compreendido é sinal que a comunicação não estava na mesma freqüência.

Seja espontâneo e aprecie o simples.

Trabalhe feliz. Não se queixe do tédio e da rotina.

É o seu trabalho que o mantém em constante desenvolvimento.

Procure enxergar a vida sempre com outros olhos.

Não deixe para depois o que você pode viver agora.

Instrução final

Desta vida só se leva a vida que se levou.

Não falei que ter uma vida feliz é baba?

Créditos das fotos

Getty Images

Páginas: 9; 10; 18; 20; 27; 33; 35; 37; 44; 47; 48; 51; 53; 54; 55; 56; 62.

Keystone

Páginas: 14; 15; 16; 17; 19; 22; 23; 24; 26; 28; 29; 30; 32; 34; 36; 38; 39; 40; 42; 45; 49; 50; 52; 58; 61.

Keystock

Página 25

Stock Photos

Páginas: 11; 13; 43.

Superstock

Páginas: 12; 46; 57.

Impressão e Acabamento
GEOGRÁFICA editora